道路路面低噪抗滑超表处技术指南

Technical Guide for Low Noise and Anti-skid Super-surfacing Treatment in Road Pavement

山东大山路桥工程有限公司　主编

人民交通出版社股份有限公司
China Communications Press Co.,Ltd.

图书在版编目(CIP)数据

道路路面低噪抗滑超表处技术指南/山东大山路桥工程有限公司主编.—北京:人民交通出版社股份有限公司,2019.3

ISBN 978-7-114-15368-6

Ⅰ.①道… Ⅱ.①山… Ⅲ.①路面—噪声控制—技术规范—指南②路面—抗滑性能—技术规范—指南 Ⅳ.①U416.04-62

中国版本图书馆 CIP 数据核字(2019)第 043931 号

书　　名:**道路路面低噪抗滑超表处技术指南**
著 作 者:山东大山路桥工程有限公司
责任编辑:任雪莲
出版发行:人民交通出版社股份有限公司
地　　址:(100011)北京市朝阳区安定门外外馆斜街 3 号
网　　址:http://www.ccpress.com.cn
销售电话:(010)59757973
总 经 销:人民交通出版社股份有限公司发行部
经　　销:各地新华书店
印　　刷:北京印匠彩色印刷有限公司
开　　本:880×1230　1/16
印　　张:1.5
字　　数:39 千
版　　次:2019 年 3 月　第 1 版
印　　次:2019 年 3 月　第 1 次印刷
书　　号:ISBN 978-7-114-15368-6
定　　价:18.00 元

前　　言

为规范道路路面低噪抗滑超表处的设计、试验、施工、质量控制和验收,由山东大山路桥工程有限公司、山东省交通科学研究院、公路养护技术国家工程研究中心(中公高科养护科技股份有限公司)、中路高科(北京)公路技术有限公司、中国交建公路路面养护技术研发中心、中交瑞通路桥养护科技有限公司等单位组成编写组,参考相关国家、行业和地方标准、规范,并广泛征求了有关专家意见,编制完成本指南。

主编单位:山东大山路桥工程有限公司

参编单位:山东省交通科学研究院、公路养护技术国家工程研究中心(中公高科养护科技股份有限公司)、中路高科(北京)公路技术有限公司、中国交建公路路面养护技术研发中心、中交瑞通路桥养护科技有限公司、河海大学土木与交通学院、山东山建道路工程研究所、山东高速股份有限公司、青海省交通科学研究院、华南理工大学土木与交通学院、陕西省安康公路管理局、陕西省安康兴达路桥集团

主要起草人:陈际江、李文斌、张海燕、马士杰、侯芸、台电仓、王闻、于新、王立志、樊亮、曹东伟、郭洪、房建宏、胡迟春、董元帅、郭留杰、林江涛、李永振、李晨光

注:本指南用于指导道路路面低噪抗滑超表处设计、施工、质量控制、检测与验收。读者对本指南及其条文说明的意见和在使用过程中发现的问题,请函告山东大山路桥工程有限公司(地址:山东省济南市高新区临港街道临港西路17号,邮编:250100),以便修订时参考。

目　　录

1 总则

1.0.1 为指导道路路面低噪抗滑超表处的设计、试验、施工、质量控制和验收,制定本指南。

1.0.2 道路路面低噪抗滑超表处适用于:

1 各等级公路及城市道路的沥青路面、水泥路面、环氧沥青路面的预防性养护;

2 对抗滑性不足路面做防滑处理;

3 对水泥路面做"白改黑"处理;

4 对易结冰路面做防凝冰处理;

5 做新建路面的磨耗层。

1.0.3 道路路面低噪抗滑超表处施工应遵守国家环保相关法规,注意保护环境。

1.0.4 道路路面低噪抗滑超表处施工应保证安全,有完善的劳动保护措施。

1.0.5 道路路面低噪抗滑超表处设计、施工除遵照本指南外,还应符合国家及行业现行的有关标准、规范;各地可根据实际情况,制定相应的技术指南。

条文说明:

1.0.2 规定了道路路面低噪抗滑超表处的应用领域,道路路面低噪抗滑超表处具有下列应用特点:隧道养护不降低净空高度、桥梁养护不增加自重、单车道养护不影响其他车道排水;下次养护时不需要铣刨清除;在材料中加入防凝冰剂,具有持久防凝冰功能,可防止路面结冰。

1.0.5 我国幅员辽阔,各地气候条件和交通状况有较大差别,各地可根据实际情况,在本指南的基础上制定各自的技术指南。

2 术语

2.0.1 道路路面低噪抗滑超表处(Low noise and anti-skid super-surfacing treatment in road pavement)

道路路面低噪抗滑超表处(以下简称超表处),是通过专用施工车,依次将层间界面剂、乳化高黏沥青或液体高黏沥青、集料、乳化高黏沥青或液体高黏沥青、表面保护剂等材料,五层同步洒/撒布施工至原路面,根据施工厚度划分为Ⅰ型(3mm)、Ⅱ型(6mm)和Ⅲ型(8mm);具有行车噪声低、抗滑能力强、封水效果好、使用寿命长、快速开放交通、低碳环保、性价比高等优点。

2.0.2 层间界面剂(Interlayer interface agent)

层间界面剂由表面活性剂、高分子黏结剂和沥青再生剂或水泥补强剂等材料组成,用于提高层间黏结力,分为沥青路面专用型和水泥路面专用型。

2.0.3 乳化高黏沥青(Emulsified high-viscosity asphalt)

乳化高黏沥青是由高黏改性沥青乳化后并加入高分子乳液制备而成,施工气温高于

15℃时使用。

2.0.4 液体高黏沥青(Liquid high-viscosity asphalt)

液体高黏沥青是由高黏沥青及环保型稀释剂制备而成,施工气温在 -5 ~ 15℃时使用。

2.0.5 表面保护剂(Surface protectant)

由多种高分子黏结材料、表面活性剂等组成,用于提高超表处表面强度,防止粘轮。

条文说明:

2.0.1 规定了道路路面低噪抗滑超表处的定义,超表处的材料、工艺和路用性能等方面与现有微表处、稀浆封层等其他表处技术存在较多差异。使用专用施工车将多种功能材料五层同步洒/撒布,充分发挥各种功能性材料的特性;层间界面剂可增强对原路面的渗透和再生补强作用,增强层间黏结;集料满铺率大于100%,相互嵌锁密实牢固;撒布两层结合料,油石比大于15%,将集料完全裹覆,达到拌和摊铺效果,并形成两层连续的高黏沥青膜;表面保护剂可防止表面粘轮,并对结合料二次改性,增强黏结强度和耐老化性能;使用胶轮压路机碾压,可提高结合料对集料的裹覆,使嵌锁黏结更密实牢固。

2.0.2 层间界面剂是基于界面原理开发的一种新型结合料,含有表面活性剂、高分子黏结剂、沥青再生剂或水泥增强剂等材料,通过对原路面的渗透、再生和补强作用,达到提高新超表处与原路面的黏结能力。

2.0.3、2.0.4 超表处所用结合料主体由高黏沥青构成,高黏沥青由石油沥青和SBS、SBR等多种高分子聚合物改性而成,其60℃动力黏度大于20kPa·s;为实现常温环保施工,将高黏沥青通过乳化和稀释两种方式使用;其中,乳化高黏沥青采用高黏沥青、乳化剂、高分子乳液、水制备而成,蒸发残留物含量要求大于或等于67%;液体高黏沥青由高黏沥青、环保稀释剂制备而成,蒸发残留物含量要求大于或等于40%。两者的蒸发残留物性能指标:软化点大于或等于95℃,5℃延度大于或等于40cm,弹性恢复大于95%,60℃动力黏度大于或等于20kPa·s,各项指标均优于PCR、BCR、NovaBond等改性乳化沥青。

2.0.5 为避免超表处开放交通早期粘轮现象,需要将表面保护剂同步喷洒于超表处的最表层,形成不粘轮保护膜,以缩短开放交通时间;同时,表面保护剂又对结合料进行了二次改性,提高了表面强度和耐老化性能。

3 材料

3.1 一般规定

3.1.1 低噪抗滑超表处使用的各种材料经取样检验合格后方可使用。

3.2 层间界面剂

3.2.1 层间界面剂技术指标应符合表3.2.1中的规定。

表3.2.1　层间界面剂技术指标

检验项目	单　　位	技术要求		试验方法
		沥青路面专用	水泥路面专用	
外观状态	—	常温液态	常温液态	—
pH值	—	≥5	≥5	GB/T 14518
固含量	%	≥15	≥15	GB/T 2793

3.3　乳化高黏沥青/液体高黏沥青

3.3.1　乳化高黏沥青技术指标应符合表3.3.1的规定。

表3.3.1　乳化高黏沥青技术指标

检验项目		单　　位	技术要求	试验方法*
筛上剩余量(1.18mm筛)		%	≤0.1	T 0652
电荷		—	阳离子	T 0653
赛波特黏度(25℃)		s	20~100	T 0623
蒸发残留物含量		%	≥67	T 0651
蒸发残留物	针入度(100g,25℃,5s)	0.1mm	40~60	T 0604
	软化点(环球法)	℃	≥95	T 0606
	延度(5℃)	cm	≥40	T 0605
	溶解度(三氯乙烯)	%	≥97.5	T 0607
	60℃动力黏度	Pa·s	≥20000	T 0620
储存稳定性	1d	%	≤1	T 0655
	5d	%	≤5	
与粗集料的黏附性,裹覆面积		—	≥2/3	T 0654

注:* 试验方法按现行《公路工程沥青及沥青混合料试验规程》(JTG E20)规定的方法进行。

3.3.2　液体高黏沥青技术指标应符合表3.3.2的规定。

表3.3.2　液体高黏沥青技术指标

检验项目		单　　位	技术要求	试验方法*
赛波特黏度(25℃)		s	20~100	T 0623
蒸馏残留物含量		%	≥40	T 0632
蒸馏残留物	针入度(100g,25℃,5s)	0.1mm	40~60	T 0604
	软化点(环球法)	℃	≥95	T 0606
	延度(5℃)	cm	≥40	T 0605
	溶解度(三氯乙烯)	%	≥97.5	T 0607
	60℃动力黏度	Pa·s	≥20000	T 0620

注:* 试验方法按现行《公路工程沥青及沥青混合料试验规程》(JTG E20)规定的方法进行。

3.4　集料

3.4.1　集料是指具有较高硬度和耐磨性能的干燥石料。集料技术指标应符合表3.4.1的规定。

表 3.4.1　集料技术要求

检验项目	单位	技术要求	试验方法[①]	检验项目	单位	技术要求	试验方法[①]
表观相对密度	—	≥2.75	T 0328	含泥量(粒径小于0.075mm的颗粒含量)	%	<1	T 0333
坚固性[②](>0.3mm部分)	%	≤12	T 0340	砂当量	%	≥80	T 0334
压碎值[③]	%	≤20	T 0316	亚甲蓝值[②]	g/kg	≤2.5	T 0349
洛杉矶磨耗损失[③]	%	≤22	T 0317	棱角性[②](流动时间)	s	≥30	T 0345
磨光值[③]	%	≥42	T 0321				

注:①试验方法按现行《公路工程集料试验规程》(JTG E42)规定的方法进行。

②坚固性、亚甲蓝值和棱角性等检验项目可根据需要进行。

③压碎值、洛杉矶磨耗损失、磨光值等检验项目是采用同种材质的粗集料进行试验。

3.4.2　超表处Ⅰ型、Ⅱ型和Ⅲ型集料粒径范围应符合表 3.4.2 的规定。

表 3.4.2　各类型集料粒径范围

类型	通过下列筛孔(mm)的质量百分率(%)					试验方法[②]
	4.75	2.36	1.18	0.3	0.075	
Ⅰ型	—	95~100	0~5	—	<0.3	T 0302
Ⅱ型	95~100	0~5	—	—	<0.3	T 0302
Ⅲ型[①]	符合以上要求					T 0302

注:①Ⅲ型是一种复合施工超表处,下层为Ⅱ型,上层为Ⅰ型。

②试验方法按现行《公路工程集料试验规程》(JTG E42)规定的方法进行。

3.5　表面保护剂

3.5.1　表面保护剂技术指标应符合表 3.5.1 的规定。

表 3.5.1　表面保护剂技术要求

检验项目	单位	技术要求	试验方法	检验项目	单位	技术要求	试验方法
外观状态	—	常温液态	—	固含量	%	≥20	GB/T 2793
pH 值	—	≥5	GB/T 14518	表干时间	h	≤1	GB/T 16777

3.6　填料——水泥、橡胶粉

3.6.1　为了提高超表处的早期强度,集料中可掺加 0~2% 的水泥,添加量可通过室内试验或试验路段确定。

3.6.2　水泥的主要技术指标应符合表 3.6.2 的规定。

表 3.6.2　水泥主要技术指标

检验项目	单位	技术要求	试验方法
强度等级	—	42.5 及以上	GB/T 17671
外观	—	干燥、疏松、无结团	—

续上表

检验项目		单位	技术要求	试验方法
比表面积*		m^2/kg	≥300	T 0504
凝结时间*	初凝时间	min	≥45	T 0505
抗折强度	3d	MPa	≥4.0	GB/T 17671
抗压强度	3d	MPa	≥22.0	GB/T 17671

注：* 试验方法按现行《公路工程水泥及水泥混凝土试验规程》(JTG E30)规定的方法进行。

3.6.3　为进一步降低行车噪声，可在集料中加入 0 ~ 5% 的橡胶粉。

3.6.4　废胎橡胶粉的主要技术指标应符合表 3.6.4 的规定。

表 3.6.4　废胎橡胶粉主要技术指标

检验项目	单位	技术要求	试验方法	检验项目	单位	技术要求	试验方法
目数	—	60 ~ 100	—	相对密度	—	1.10 ~ 1.30	JT/T 797
筛余物	%	<10	JT/T 797	含水率	%	<1	JT/T 797

3.7　添加剂——防凝冰剂

3.7.1　防凝冰剂由多元醇、有机酸盐、憎水剂、高分子材料等组成，不含氯盐，为环保型材料。

3.7.2　将防凝冰剂添加到结合料和表面保护剂中，推荐添加量为 10% ~ 20%，添加量应根据施工路段的冬季气候条件做适当调整；年低温周期长、最低气温低于 -10℃ 的路段宜选择上限；年低温周期短、最低气温高于 -10℃ 的路段宜选择下限；有效添加量可通过“附录 C 防凝冰剂的防凝冰率试验检测方法”确定。

3.7.3　防凝冰剂的技术指标应符合表 3.7.3 的规定。

表 3.7.3　防凝冰剂技术要求

检验项目		单位	技术要求*	试验方法
固含量		%	≥60	GB/T 14518
pH 值		—	≥4	GB/T 2793
冰点		℃	< -30	SH/T 0090
蒸发残留物*	软化点(环球法)	℃	≥60	T 0606
	针入度(100g,25℃,5s)	0.1mm	30 ~ 70	T 0604

注：* 蒸发残留物试验按现行《公路工程沥青及沥青混合料试验规程》(JTG E20)规定的方法进行。

4　类型选择及材料组成设计

4.1　一般规定

4.1.1　超表处的类型选择和材料组成设计，应根据原路面状况、使用要求、公路等级、路面类型、交通量等因素确定;原路面路况指数应满足表4.1.1的规定。

表4.1.1 原路面路况指数要求

路面类型	公路等级	路况指数*		
		PSSI	RQI	PCI
沥青路面	高速公路、一级公路、城市快速路和主干道	≥80	≥80	≥75
	二级及以下公路、城市次干道	≥70	≥70	≥70
水泥路面	高速公路、一级公路、城市快速路和主干道	≥80	≥80	≥70
	二级及以下公路、城市次干道	≥70	≥70	≥65

注:* 按照《公路技术状况评定标准》(JTG H20—2007)规定的方法检测,应采用6个月以内的检测数据;其中PSSI和RQI为检验指标,PCI为判断指标,即在PSSI和RQI满足要求的前提下,以PCI为标准判断是否适宜采用超表处进行处治。

4.2 类型选择

4.2.1 超表处Ⅰ型(3mm)、Ⅱ型(6mm)和Ⅲ型(8mm)推荐适用路况参照表4.2.1的规定。

表4.2.1 低噪抗滑超表处各类型推荐适用路况

类型	适用范围	
	沥青路面	水泥路面
Ⅰ型	各个等级公路和城市道路,重交通等级及以下,原路面PCI≥85路段的预防性养护;对抗滑性不足路面做防滑处理; 不推荐用于:①较重麻面路段(构造深度TD>2.0mm);②坡度≥2%的坡道段及圆曲线最小半径≤400m的弯道路段	各个等级公路和城市道路,轻交通等级,原路面PCI≥80路段的预防性养护;对水泥路面做“白改黑”处理,对抗滑性不足路面做防滑处理; 不推荐用于:①较重麻面路段(构造深度TD>2.0mm);②中交通及以上;③坡度≥2%的坡道段及圆曲线最小半径≤400m的弯道路段
Ⅱ型	各个等级公路和城市道路,重交通等级及以下,原路面PCI≥80路段的预防性养护;对抗滑性不足路面做防滑处理; 不推荐用于:坡度≥3%的坡道段及圆曲线最小半径≤200m的弯道路段	各个等级公路和城市道路,重交通等级及以下;原路面PCI≥75路段的预防性养护;对水泥路面做“白改黑”处理;对抗滑性不足路面做防滑处理; 不推荐用于:坡度≥3%的坡道段及圆曲线最小半径≤200m的弯道路段
Ⅲ型	各个等级公路和城市道路,原路面PCI≤80路段的预防性养护;对抗滑性不足路面做防滑处理; 推荐应用于特重交通等级,桥隧、坡道及弯道路段	各个等级公路和城市道路;原路面PCI≤70路段的预防性养护;对水泥路面做“白改黑”处理,对抗滑性不足路面做防滑处理; 推荐应用于特重交通等级,桥隧、坡道及弯道路段

注:1. 沥青路面出现车辙,先采用Ⅱ型超表处或微表处对车辙进行填补,然后根据上述三项原则,选择Ⅰ型、Ⅱ型或Ⅲ型低噪抗滑超表处对路面进行整体处治。

2. 冬季易形成凝冰的路段,在超表处Ⅰ型、Ⅱ型或Ⅲ型材料中加入防凝冰剂,超表处具有持久防凝冰功能,可防止路面结冰。

4.3 材料组成设计

4.3.1 超表处材料用量推荐范围参照表 4.3.1 的规定。

表 4.3.1 材料用量推荐范围

项目		Ⅰ型	Ⅱ型	Ⅲ型
层间界面剂①(kg/m^2)		0.1~0.15	0.15~0.2	0.1~0.15
集料②(kg/m^2)		3.5~4.0	5.5~6.5	9~11
结合料③(kg/m^2)	乳化高黏沥青	0.7~0.9	1.1~1.5	1.6~2.2
	液体高黏沥青	0.9~1.2	1.4~2.0	1.9~2.6
表面保护剂④(kg/m^2)		0.15~0.25	0.2~0.3	0.15~0.25

注:①界面剂用量设计:根据原路面构造深度、老化程度、洁净度,对构造深度大、老化严重、洁净度差的路面宜选择上限,反之宜选择下限。

②集料用量设计:根据原路面构造深度及麻面程度,对构造深度大、麻面严重的路面宜选择上限,当构造深度小、无麻面时宜选择下限。

③结合料用量设计:根据公路等级、交通量,高等级公路、交通量大的路面宜选择上限,低等级公路、交通量小的路面可选择下限。

④表面保护剂用量:施工温度高时(≥30℃)宜选择上限,施工温度低时(≤20℃)可选择下限。

4.3.2 超表处最佳材料用量的确定,可通过室内试验或试铺试验路段确定。

5 施工

5.1 一般规定

5.1.1 超表处需选择在无雨和温度适宜的季节施工,施工气候条件应满足:

1 施工、养护期内的气温高于 15℃时,选用乳化高黏沥青作为结合料;

2 施工、养护期内的气温在 -5~15℃时,选用液体高黏沥青作为结合料;

3 不得在雨雪天施工,施工中或施工后超表处尚未成型就遇雨雪时,不应开放交通且应在雨雪后将无法正常成型的材料铲除。

5.1.2 严禁在过湿或积水的路面上进行施工。

5.1.3 宜选用钢丝刷清扫机进行路面清扫。

5.1.4 须选用胶轮压路机进行养护阶段的碾压。

5.1.5 道路交通管制应遵循如下规定:

1 交通标志标牌应符合现行《道路交通标志和标线》(GB 5768)的相关规定。

2 交通控制应遵守现行《公路养护安全作业规程》(JTG H30)的相关规定。

5.2 原路面局部病害处治

5.2.1 对沥青路面局部病害,应先对原路面的坑槽、沉陷、拥包、车辙、龟网裂等局部病害进行处治,处治后应符合表 5.2.1 的规定。

表 5.2.1 沥青路面局部病害相关指标要求

病害类型及名称	要求
网状、龟状裂缝	裂区无变形、无散落,主要裂缝宽度小于 2mm,主要裂缝块度面积小于 0.3m^2(约 0.6m×0.6m)
横向、纵向裂缝	裂缝壁无散落或有轻微散落,无支缝或有少量支缝,裂缝宽度小于 3mm
坑洞	直径小于 30mm、深度小于 10mm
松散	路面有轻度细集料散失、脱皮、麻面等表面损坏
沉陷	深度小于 25mm,行车无明显感觉
车辙	辙槽浅,深度小于 15mm
波浪拥包	波峰波谷高差小,高差小于 25mm
唧泥	处治

5.2.2 对水泥路面局部病害,应先对原路面的破碎板、裂缝、板角断裂等局部病害进行处治,处治后应符合表 5.2.2 的规定。

表 5.2.2 水泥路面局部病害相关指标要求

病害类型及名称	要求
破碎板	板块被裂缝分为 3 块以下,破碎板未发生松动和沉陷
裂缝	板块上只有一条裂缝,裂缝窄、裂缝处未剥落,缝宽小于 3mm
板角断裂	裂缝宽度小于 3mm
错台	高差小于 10mm
唧泥	处治
边角剥落	浅层剥落
接缝料损坏	填料未剥落、脱空,未被砂、石、泥土等填塞
坑洞	直径小于 30mm、深度小于 10mm
拱起	高度小于 10mm

5.3 专用施工车

5.3.1 超表处须采用专用施工车(图 5.3.1),依次将层间界面剂、乳化高黏沥青/液体高黏沥青、集料、乳化高黏沥青/液体高黏沥青、表面保护剂等材料,五层同步洒/撒布至原路面。

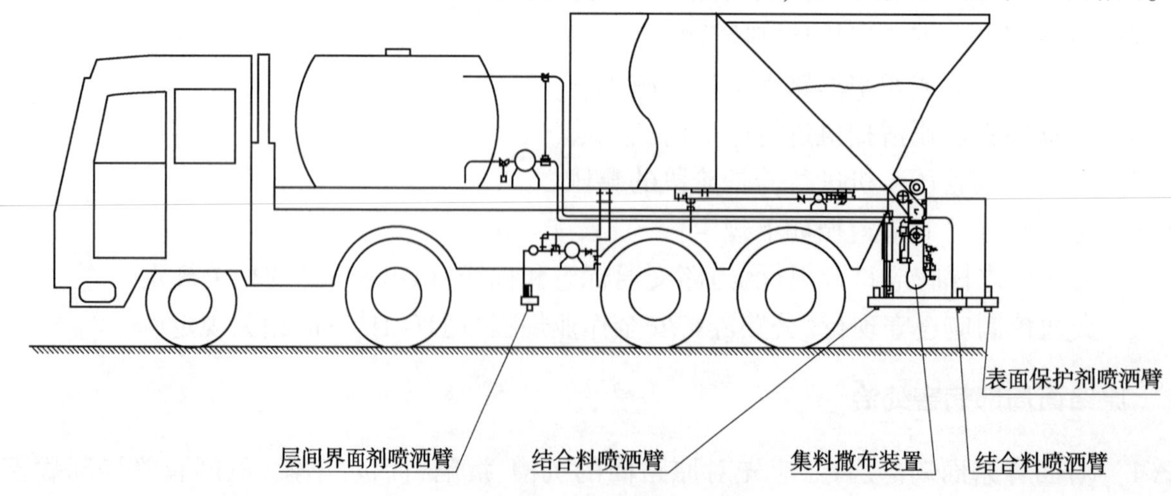

图 5.3.1 施工机械示意图

5.3.2　专用施工车应配备沥青罐、层间界面剂罐、表面保护剂罐、集料仓、计量系统、喷洒系统、集料撒布装置及操作台等主要部件，能够设定、显示和记录各种材料用量。

5.3.3　专用施工车喷洒系统须实现洒布量可调，计量系统精度不低于1%。

5.3.4　专用施工车集料撒布装置须实现撒布量可调，计量系统精度不低于2%。

5.3.5　专用施工车施工宽度应可调，一般为0.6～4.0m；行车速度推荐控制在100～180m/min。

5.3.6　专用施工车应保持车速和洒/撒布量的稳定和布料均匀。

5.4　施工准备

5.4.1　施工前，确认原路面局部病害满足本指南5.2的要求。

5.4.2　每批材料进场前，必须有材料出厂检验合格证；材料进场后需抽检，抽检合格后方可使用。

5.4.3　施工前应准备好相关施工机具，确保工作状态良好，并对低噪抗滑超表处专用施工车进行计量标定。

5.4.4　施工人员应穿戴必要的劳保用品。

5.5　试验段

5.5.1　正式施工前，应通过试验段确定各材料用量及施工工艺，验证施工装备、各项技术参数和施工质量是否满足要求。

5.5.2　单车道试验段长度不宜小于100m。

5.5.3　试验段开放交通后第二或第三天，应对超表处的外观、厚度、构造深度、摩擦系数和渗水系数进行检测，并满足表5.5.3的规定。

表5.5.3　低噪抗滑超表处技术要求

检验项目			质量要求	检验次数	试验方法*
外观			均匀一致，无局部施工缺陷	全线连续	目测
厚度(mm)		Ⅰ型	3±1	3处	钢尺测量或采用其他有效手段
		Ⅱ型	6±1		
		Ⅲ型	8±1		
脱料率(%)			≤1	3处	附录A
抗滑性能	摆值(BPN)		≥55	3处	T 0964
	构造深度TD(mm)	Ⅰ型	≥0.3	3处	T 0961
		Ⅱ型	≥0.5	3处	T 0961
		Ⅲ型	≥0.3	3处	T 0961
渗水系数(mL/min)			≤10	3处	T 0971

注：*试验方法按现行《公路工程质量检验评定标准 第一册 土建工程》(JTG F80/1)规定的方法进行。

5.5.4　通过试验段确定的材料用量和施工工艺经监理或业主认可后，作为正式施工依据；施工过程中不允许随意更改，必须更改时，须得到监理或业主的认可。

5.6 施工要求

5.6.1 低噪抗滑超表处应按照下列程序施工：

1 确认待施工区域,做好交通安全维护;

2 对作业路面的局部病害进行处治;

3 清扫路面,对路缘石等交通附属设施进行保护;

4 根据业主要求,对路面车道标线进行铣刨或保护;

5 根据批准的施工技术参数进行施工;

6 施工过程中,对局部不均匀处,应及时修补;

7 养护、碾压:根据施工类型及气候条件,应保证足够的养护时间(1 ~3h),待强度达到碾压条件时,使用胶轮压路机碾压6 ~8 遍;

8 开放交通。

5.6.2 根据施工路段的路幅宽度,调整施工宽度,应尽量减少纵向接缝数量,在可能的情况下,宜使纵向接缝位于车道线附近。

5.6.3 施工后,对局部缺陷应及时修补。

5.6.4 施工中不得随意抛掷废弃物。

6 施工质量控制

6.1 材料检测

6.1.1 材料质量检查频率和要求应符合表6.1.1 的规定。

表6.1.1 材料质量检验频率与要求

材料	检查项目	要求值	检验频率
层间界面剂	表3.2.1	表3.2.1	每批次
乳化高黏沥青	表3.3.1	表3.3.1	
液体高黏沥青	表3.3.2	表3.3.2	
集料	表3.4.1、表3.4.2	表3.4.1、表3.4.2	
表面保护剂	表3.5.1	表3.5.1	
填料	表3.6.2、表3.6.4	表3.6.2、表3.6.4	
添加剂	表3.7.3	表3.7.3	

6.2 施工过程的质量控制

6.2.1 施工期间,应对施工车的性能、标定和设定以及辅助施工机械配套情况等进行检查。

6.2.2 施工期间,应对施工质量进行抽样检测,抽样项目、频率、要求及方法见表6.2.2。

表 6.2.2 施工过程检测要求

项目	要求	检验频率	检验方法
层间界面剂用量	设计值 ±2%	每日一次总量评定	每日总用量/施工面积
乳化高黏沥青/液体高黏沥青用量	设计值 ±2%		
集料用量	设计值 ±5%		
表面保护剂用量	设计值 ±2%		
填料用量	设计值 ±2%		
添加剂用量	设计值 ±2%		
外观	均匀一致，无局部施工缺陷	全线连续	目测
脱料率	≤1%	3 处/5km	附录 A

6.3 交工质量检查与验收

6.3.1 将施工全线以 1 ~ 3km 作为一个评定路段，对路面的外观、摩擦摆值或横向力系数、构造深度、渗水系数进行检查，具体检测项目、频率、要求及方法见表 6.3.1。

表 6.3.1 交工验收检验要求

检验项目			质量要求	检验频率	检验方法①
外观			均匀一致，无局部施工缺陷	全线连续	目测
厚度（mm）		Ⅰ型	3 ± 1	3 处/km	钢尺测量或采用其他有效手段
		Ⅱ型	6 ± 1		
		Ⅲ型	8 ± 1		
抗滑性能	摆值（BPN）②		≥55	3 处/km	T 0964
	横向力系数 SFC②		≥55	3 处/5km	T 0967
	构造深度 TD（mm）	Ⅰ型	≥0.3	3 处/km	T 0961
		Ⅱ型	≥0.5	3 处/km	T 0961
		Ⅲ型	≥0.3	3 处/km	T 0961
渗水系数（mL/min）			≤10	3 点/km	T 0971
行车车内噪声（dB）			≤65	3 处/5km	附录 B

注：①检验方法按现行《公路工程质量检验评定标准 第一册 土建工程》（JTG F80/1）规定的方法进行。

②横向力系数和摩擦摆值两个指标选其中一个。

6.3.2 路面质量检测评定完成后，施工单位应将施工前、后的质量检测结果以及施工总结提交业主。

6.3.3 业主确认施工资料齐全后，按照合同约定组织交工验收。

附　录　A
脱料率检测方法

A.1　目的和适用范围

本方法适用于判断低噪抗滑超表处的施工过程质量。

A.2　仪具与材料

本方法需要下列仪具：

1　天平或台秤：感量不大于试样质量的0.1%；

2　烘箱：200℃，装有温度自动调节器；

3　其他辅助工具：盛样桶、毛刷、铲子、扫帚等。

A.3　方法与步骤

A.3.1　检测时间：开放交通第二或第三天。

A.3.2　检测位置：施工段中段。

A.3.3　检测区域：沿行车方向以3m为一个点的检测区间，间隔3～5m重复检测3点。

A.3.4　取样方法：收集施工车道两侧脱料，将收集的脱料放置于(105±5)℃的烘箱烘干至恒重，冷却后称量。脱料率计算公式如下：

$$\text{脱料率} = \frac{M_1}{M_2} \times 100\%$$

式中：M_1——收集脱料的烘干后质量(g)；

M_2——集料撒布量(g)，M_2 = 施工宽度 $W \times 3\text{m}$(标准检测区间长度)×单位面积集料撒布量(g/m^2)。

A.3.5　取平均值作为检测结果。

A.4　报告

报告应记述下列事项：

1　测试路段基本信息：施工环境、施工参数等；

2　脱料率测试结果。

注：如脱料率≤1%，视为超表处的施工过程质量合格；如脱料率>1%，则必须分析原因并向主管技术和质量的负责人报告，调整施工材料组成或养护时间，达到脱料率≤1%时，方可大面积施工。

附　录　B
车内噪声检测方法

B.1　目的和适用范围

B.1.1　本方法适用于测定道路路面低噪抗滑超表处的行车车内噪声水平。

B.2　引用标准

GB/T 18697—2002　声学　汽车车内噪声测量方法
GB/T 3785.1—2010　电声学　声级计　第1部分:规范
GB/T 15089—2001　机动车辆及挂车分类
GB/T 3730.1—2001　汽车和挂车类型的术语和定义

B.3　仪具与材料

本方法需要下列仪具:

1　多功能声强计:覆盖频率 20 ~ 12500Hz,测量范围 30 ~ 140dB;

2　检测车:M1 类普通乘用汽车,车况良好。

B.4　方法与步骤

B.4.1　选择代表驾驶员或乘客车内耳旁噪声分布的两个测点:一个放置在副驾驶座位,另一个放在后排座位上。

B.4.2　座位处多功能声强计的垂直坐标是(无人)座椅的表面与靠背表面的交线以上(0.7 ±0.05)m 处。水平坐标应在座椅的中心面(或对称面)上。对于有人座椅上,水平横坐标向右到座位中心面的距离为(0.20 ±0.02)m。如图 B.4.2 所示。

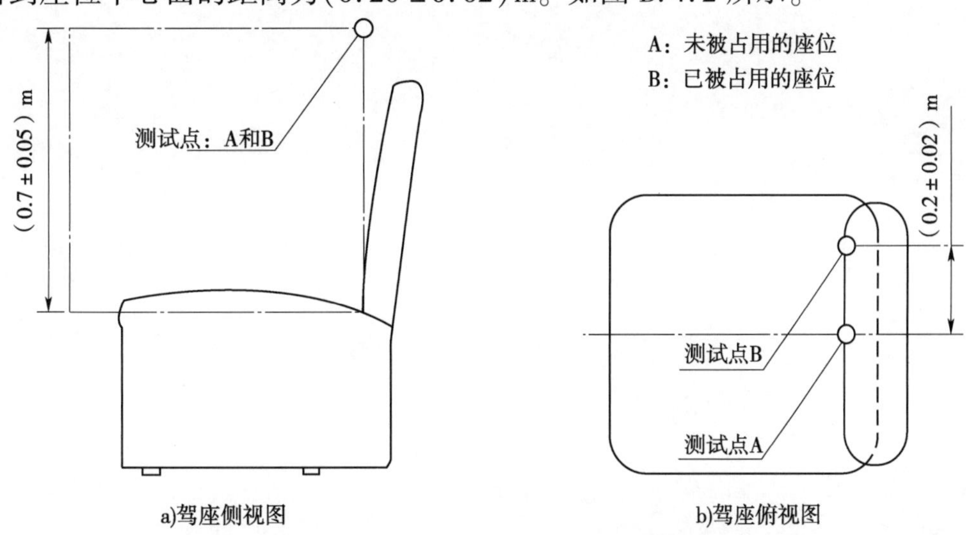

图 B.4.2　车内噪声测试测点分布图

B.4.3 车内噪声测试条件：

1 测试路段应平直、干燥、有足够长度；

2 测试时风速(指相对路面)应小于3m/s；

3 测试时应关闭汽车门窗，保证测试过程中车内没有其他声源干扰；

4 车内除驾驶员和测试人员外，不应有其他人员。

B.4.4 测试方法：

1 噪声测试中车辆应匀速行驶，高速公路、一级公路保持车速(80 ±5)km/h，其他等级公路保持车速(40 ±5)km/h；

2 测试时间为(20 ±5)s，至少读数3次，取平均值作为检测结果。

B.5 报告

B.5.1 报告应记述下列事项：

车内噪声测试结果、测试路段基本信息、测试环境、施工参数等。

附　录　C
防凝冰剂的防凝冰率试验检测方法

C.1　目的和适用范围

C.1.1　本方法适用于:判定加入防凝冰剂后,超表处的防凝冰效果;
C.1.2　本方法目的:确定路段冬季低温条件下,超表处材料中防凝冰剂的有效加入量。

C.2　引用标准

JTG E20—2011 公路工程沥青及沥青混合料试验规程

C.3　仪具与材料

C.3.1　本方法需要下列仪具:UTM 试验机、夹具、低温试验箱(-30℃,装有温度自动调节器)、烘箱、天平、混合料拌和锅、马歇尔击实仪、马歇尔试件模具、脱模器。
C.3.2　本方法需要下列材料:制备马歇尔试件所需材料;超表处材料(集料、结合料、表面保护剂、防凝冰剂);无纺布、去离子水、环氧树脂胶等。

C.4　方法与步骤

C.4.1　试件的制备:

1　制备与预施工路段结构类似的马歇尔试件共计 6 组;

2　在马歇尔试件上摊铺超表处;

3　按照设计要求称量好集料、结合料、表面保护剂、防凝冰剂,分别制备加入防凝冰剂的 3 组试件和不加防凝冰剂的 3 组空白试件;

4　将试件放入(50±2)℃烘箱中养护 16h,再在室温条件下养护 4h。

C.4.2　结冰黏结力测试:

1　取直径与试件相同的圆形无纺布,用环氧树脂胶将 UTM 试验机压头与无纺布粘牢,将带有无纺布的压头吸水后,分别置于加入防凝冰剂的 3 组试件和不加防凝冰剂的 3 组空白试件上;然后将试件置于温控箱中 4h,将温控箱温度设置为设计路段的冬季温度。

2　使用 UTM 试验机以 50mm/min 速度进行拉拔试验,测定试件表面与结冰分离时的最大拉力;分别计算加入防凝冰剂的 3 组试件和不加防凝冰剂的 3 组空白试件的最大拉力平均值。

3　防凝冰效率。

防凝冰效率公式如下:

$$\text{防凝冰效率} = \frac{N_1}{N_2} \times 100\%$$

式中:N_1——加入防凝冰剂的 3 组试件的最大拉力平均值;

N_2——不加防凝冰剂的 3 组空白试件的最大拉力平均值。

C.5 报告

报告应记述下列事项：

防凝冰效率测试结果、测试环境、试验参数等。

注：当防凝冰效率≤50%时，判断为防凝冰剂的添加量适合。

当防凝冰效率 >50%时，应增大防凝冰剂的添加量，并重复试验验证。

《道路路面低噪抗滑超表处技术指南》说明

1 背景及意义

在路面结构强度充足,仅表面功能衰减的情况下,为防止病害进一步扩展,恢复并提高路面功能、延长路面使用寿命,应尽早实施预防性养护。

目前我国应用的雾封层、稀浆封层、微表处、超薄磨耗层等预防性养护技术都是从国外引进的。虽然上述工艺各具优势,但也存在功能性弱、噪声大、易片状脱离、寿命短、成本高、封闭交通时间长等缺陷。

《交通运输部“十三五”公路养护管理发展纲要》明确要求:加强对预防性养护新材料、新工艺、新设备、新技术“四新”技术的研究,全面推进我国预防性养护技术的发展;山东大山路桥工程有限公司响应国家政策,研发了一种“四新”预防性养护技术——道路路面低噪抗滑超表处。

低噪抗滑超表处适用于:各等级公路及城市道路的沥青路面、水泥路面、环氧沥青路面的预防性养护;对抗滑性不足路面做防滑处理;对水泥路面做“白改黑”处理;对易结冰路面做防凝冰处理;做新建路面的磨耗层。具有下列功能特点:行车噪声低、抗滑能力强、封水效果好、使用寿命长、快速开放交通、低碳环保、性价比高等。具有下列应用特点:桥梁路面养护不增加自重;隧道路面养护不降低净空高度;单车道养护不影响其他车道排水;下次养护时不需要铣刨清除;在材料中加入防凝冰材料,超表处具有持久防凝冰功能。

2017 年 7 月,中国公路学会科技成果评价,该项研究成果总体上达到国际先进水平,其中五位一体的设备及施工工艺达到了国际领先水平。

2018 年该技术分别荣获山东公路学会科学技术优秀成果奖一等奖和中国公路学会科学技术奖三等奖。

至今该技术已申请国内外专利共计 20 余项。

通过低噪抗滑超表处技术的广泛应用,表明该技术已成为路面预防性养护最有效的技术之一;在道路基本良好的状态下实施低噪抗滑超表处预防性养护,能推迟道路路面大修时间 3 ~ 6 年,等效年度费用仅为 8 ~ 10 元/m^2,具有极高的社会和经济效益。

2 路用功能特点的机理、参数和社会意义

路用功能特点主要包括:行车噪声低(相当于 SMA-13 结构)、摩擦系数高(≥55BPN)、封水性能好(渗水系数 < 10mL/min)、使用寿命长(4 ~ 6 年)、节能环保、绿色低碳、性价比高等。

2.1 行车噪声低(表 2-1)

表 2-1 行车噪声低的功能和机理、参数、社会意义

功能和机理	1. 表面构造浅、纹理多,有利于排出气流,不易形成气爆音并具有吸收声波的功能; 2. 丰富的高黏沥青膜,减少振动和摩擦噪声
参数	相当于 SMA-13 结构,比微表处低 3dB 以上
社会意义	驾乘舒适、安全,环境噪声污染小; 相关研究表明:噪声每降低 3dB,相当于交通流量减半

2.2 摩擦系数高(表 2-2)

表 2-2 摩擦系数高的功能和机理、参数、社会意义

功能和机理	1. 具有多摩擦点和丰富的高黏沥青膜,与轮胎间的摩擦力大; 2. 表面构造浅、纹理多,有利于排水,抗湿滑性能强
参数	行车 2 ~ 3 年后,摩擦系数仍大于 55BPN
社会意义	适用于对抗滑性不足路面做防滑处理; 非常适用于隧道、坡道、弯道、桥梁等特殊路段; 可提高行车安全性,减小交通事故发生率; 相关研究表明:因路面摩擦系数低造成的交通事故占事故总数的 24%

2.3 渗水系数小(表 2-3)

表 2-3 渗水系数小的功能和机理、参数、社会意义

功能和机理	洒布两层结合料,油石比 > 15%,灌注原路面缝隙并具有两层连续的高黏沥青膜,封水效果更好;集料含粉量 < 1%,具备更强的自愈合能力
参数	行车 2 ~ 3 年后,渗水系数仍小于 10mL/min,有效防止水损伤,延长道路使用寿命
社会意义	由于路面早期水损害带来的次生病害,会加快轻微病害向中度、重度病害的发展,因此,良好的封水效果对于保证路面质量、提高路面使用寿命具有重要意义

2.4 使用寿命长、性价比高(表 2-4)

表 2-4 使用寿命长、性价比高的功能和机理、参数、社会意义

功能和机理	1. 结合料蒸发残留物:软化点大于 95℃,5℃延度大于或等于 40cm,弹性恢复大于 95%,60℃动力黏度大于 20kPa·s;各项指标均优于 PCR、BCR、NovaBond 等改性乳化沥青; 2. 专有施工工艺:将四种功能材料分五层同步洒/撒布的施工工艺,充分发挥了各功能材料的特性,层间界面剂具有增强原路面的渗透和再生补强作用,增强了层间黏结;集料满铺率大于 100%,相互嵌锁密实牢固;洒布两层结合料,油石比大于 15%,将集料完全裹覆,达到拌和摊铺效果,并形成两层连续的高黏沥青膜;表面保护剂可防止表面粘轮,并再次对结合料改性,增强黏结强度和耐老化性能;胶轮压路机碾压,提高了结合料对集料的裹覆,嵌锁黏结更牢固; 3. 结合料洒布量充足,集料含粉量 < 1%,具备更强的自愈合能力
参数	使用寿命 4 ~ 6 年
社会意义	节约养护成本

2.5 绿色低碳、节能环保(表2-5)

表2-5 绿色低碳、节能环保的功能和机理、参数、社会意义

功能和机理	常温施工,厚度仅3~8mm,材料用量小,下次养护不需要铣刨清除;而微表处、超薄磨耗层等表处技术,下次养护时一般需要铣刨清除		
参数	对比项目	表处类型		
		超表处Ⅰ型	微表处	超薄磨耗层
	材料用量(kg/m^2)	4~5	21~23	28~34
	能耗(kcal)	51~55	81~97	264~325
	二氧化碳排量*(kg)	136~147	215~256	700~862
社会意义	节能环保,绿色低碳,符合交通运输部《加快推进绿色循环低碳交通运输发展指导意见》			

注:*每施工1000m^2,材料生产和施工过程中的能耗和二氧化碳排放。

3 应用领域和应用特点

1 各等级公路及城市道路的沥青路面、水泥路面、环氧沥青路面的预防性养护。
2 对抗滑性不足路面做防滑处理;对水泥路面做"白改黑"处理。
3 对易结冰路面做防凝冰处理;做新建路面的磨耗层。
4 隧道养护不降低净空高度。
5 桥梁养护不增加自重。
6 单车道养护不影响其他车道排水。
7 下次养护不需要铣刨清除。

4 工程验证

2015年至2018年,低噪抗滑超表处已在我国十多个省份得到了广泛应用,公路等级涵盖高速公路、国省干道和城市道路;路面类型涵盖沥青路面、水泥路面、环氧沥青路面;施工总面积超过300万m^2。部分工程实例见表4-1。

表4-1 部分工程实例(未注明路面类型的均为沥青路面)

序　号	年　份	施工地点	路面类型
1	2015	S303省道(青海格尔木段)	
2	2016	S203省道(青海西宁段)	
3	2016	G109国道(青海格尔木段)	
4	2016	S242省道(山东莱芜段)	
5	2016	S244省道(山东莱芜段)	
6	2016	S203省道(青海玉树段)	
7	2016	武麻高速(湖北武汉段)	
8	2017	湟西一级公路(青海西宁段)	

续上表

序　号	年　份	施工地点	路面类型
9	2017	S327 省道(山东淄博段)	
10	2017	S302 省道(青海海北藏族自治州段)	
11	2017	G109 国道(青海格尔木段)	
12	2017	京台高速(山东德州段)	水泥桥面
13	2017	京沪高速(山东济南段)	
14	2017	沈吉高速(吉林段)	
15	2017	S202 省道(青海海东段)	
16	2017	山西闻垣高速	
17	2017	武麻高速	
18	2017	大广高速(武汉段)	
19	2017	泉永高速	
20	2017	G205 国道从化段	
21	2018	青海马平高速	
22	2018	沈海高速	
23	2018	日兰高速	
24	2018	连霍高速	
25	2018	蕲春市政路	
26	2018	太旧高速	水泥桥面
27	2018	德州市东风中路	
28	2018	石太高速	
29	2018	青海玉树西丽高速	
30	2018	京台高速德齐段	
31	2018	上海市金科路	
32	2018	延安新机场连线	水泥路面
33	2018	安徽 S95 滁宁高速凤阳支线	
34	2018	京台高速济南段	水泥路面
35	2018	浙江西堠门、金塘跨海大桥	环氧沥青钢桥面
36	2018	G309 威海马石店 + 双顶山隧道	隧道、水泥路面
37	2018	青银高速济南黄河三桥	环氧沥青钢桥面